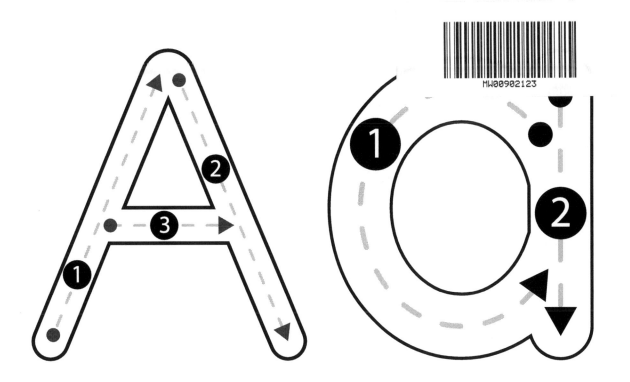

Trace it

LET'S PRACTICE NOW

A is for Avocado

Trace it

LET'S PRACTICE NOW

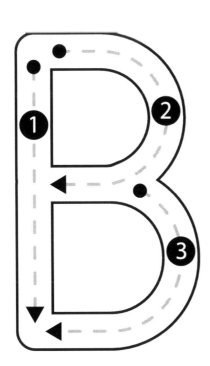 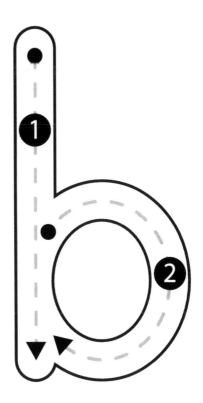

Trace it

B B B B B B B B B

b b b b b b b b b

B B B B B B B B B

b b b b b b b b b

LET'S PRACTICE NOW

B is for Butterfly

Trace it

Butterfly

Butterfly

LET'S PRACTICE NOW

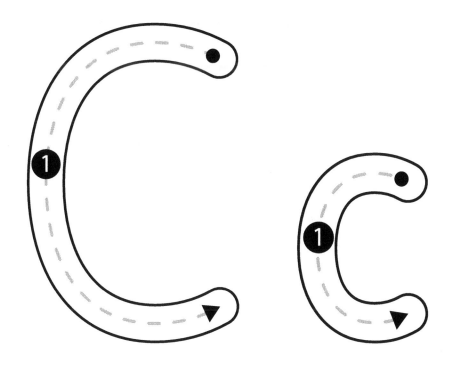

Trace it

LET'S PRACTICE NOW

C is for Cupcake

Trace it

LET'S PRACTICE NOW

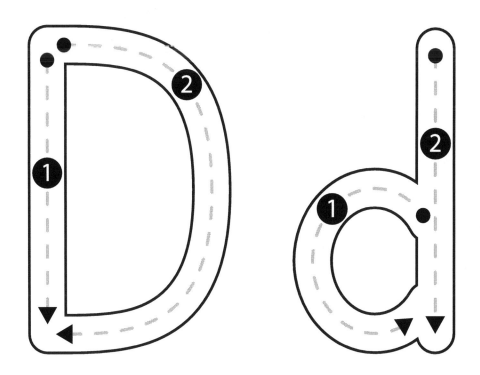

Trace it

LET'S PRACTICE NOW

D is for Donut

Trace it

LET'S PRACTICE NOW

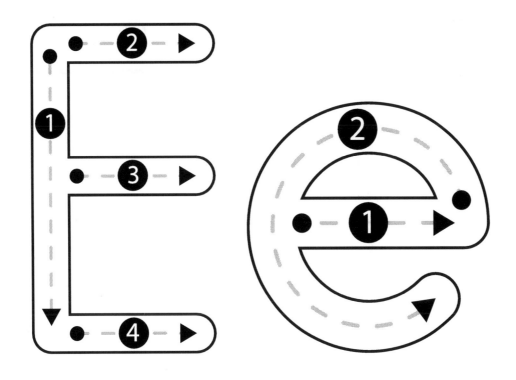

Trace it

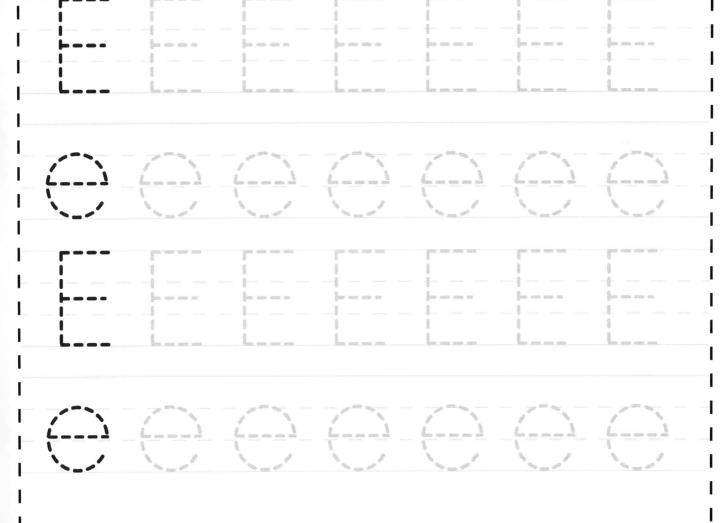

LET'S PRACTICE NOW

E is for Elephant

Trace it

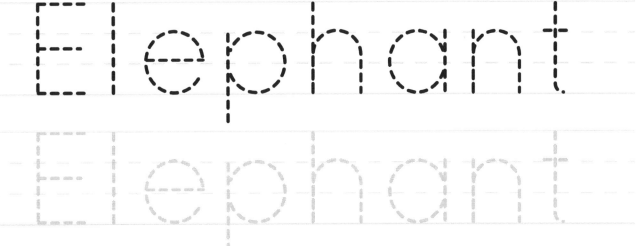

LET'S PRACTICE NOW

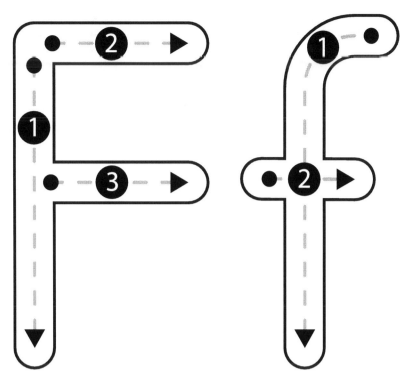

Trace it

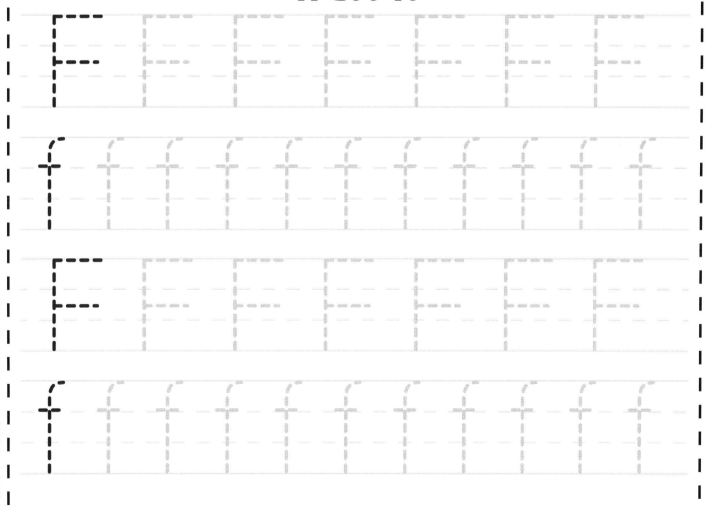

LET'S PRACTICE NOW

F is for Fox

Trace it

LET'S PRACTICE NOW

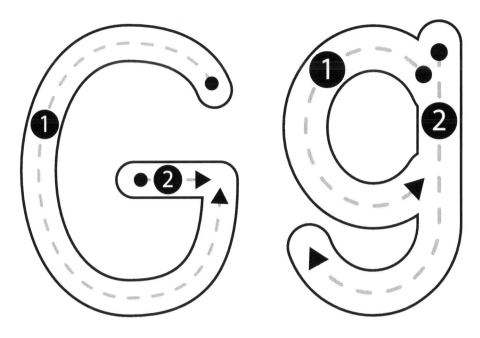

Trace it

LET'S PRACTICE NOW

G is for Guitar

Trace it

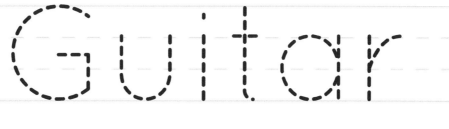

LET'S PRACTICE NOW

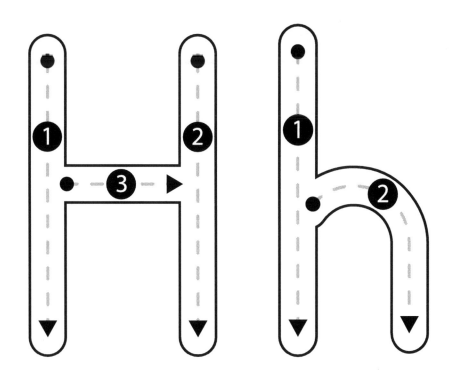

Trace it

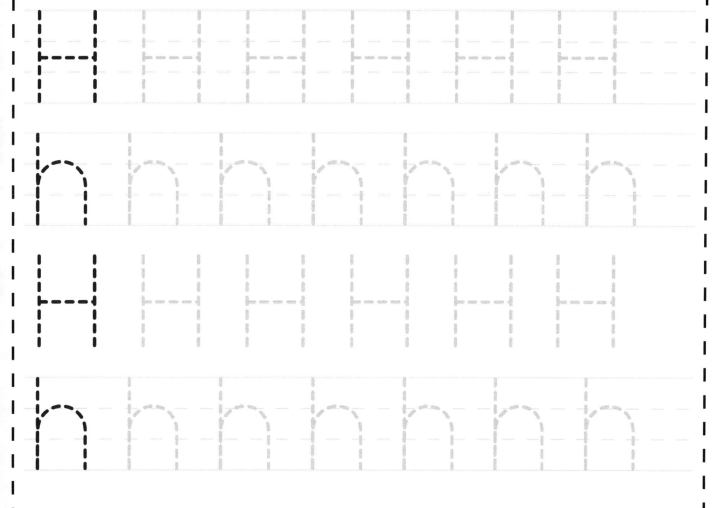

LET'S PRACTICE NOW

LET'S PRACTICE NOW

H is for Hammer

Trace it

Hammer

Hammer

LET'S PRACTICE NOW

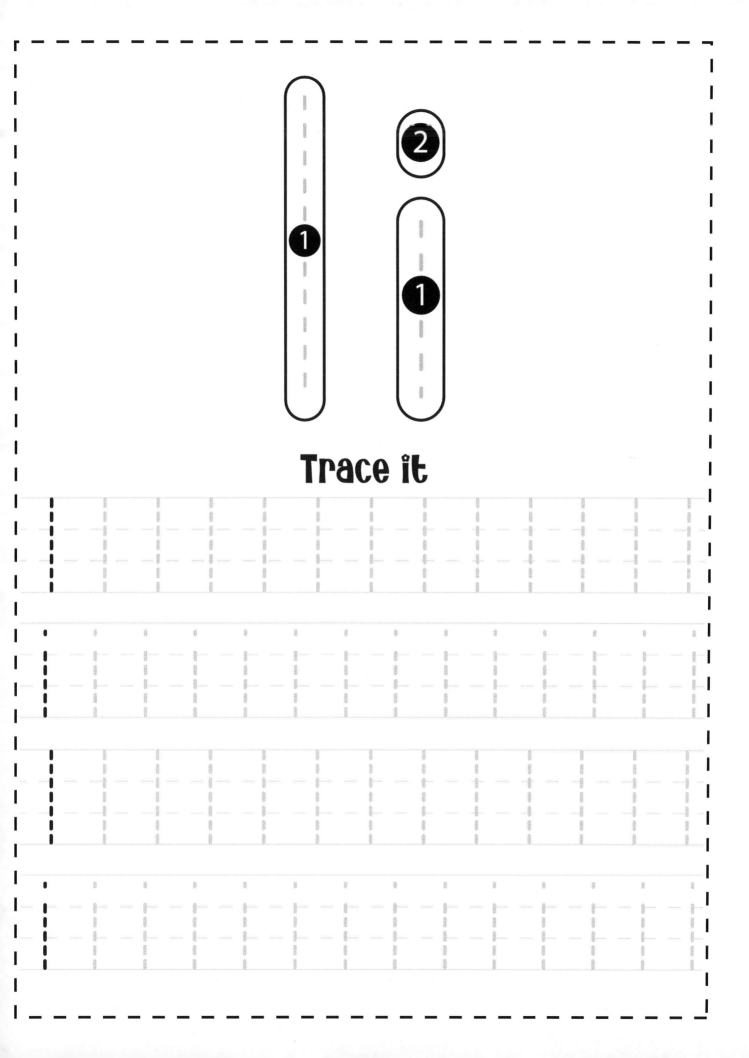

Trace it

LET'S PRACTICE NOW

I is for Ibis

Trace it

LET'S PRACTICE NOW

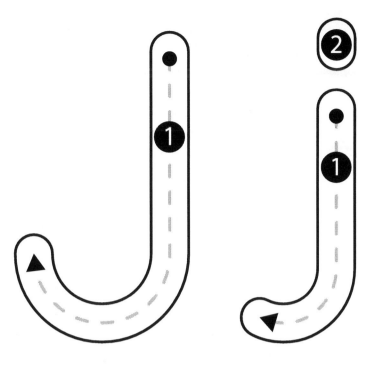

Trace it

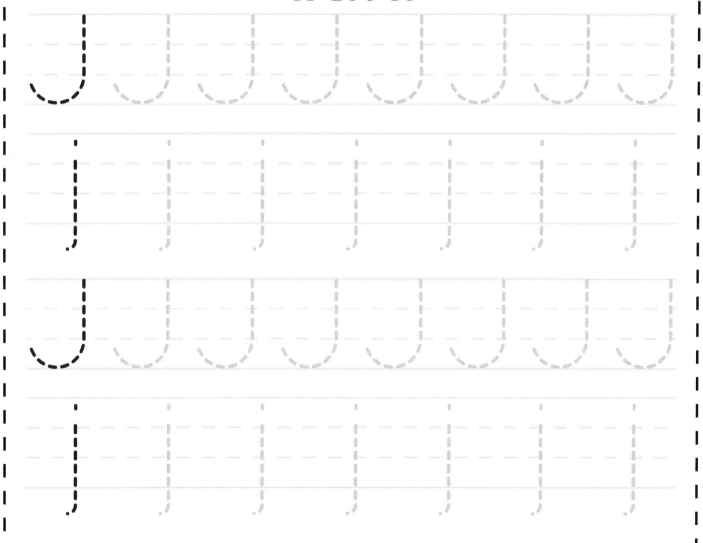

LET'S PRACTICE NOW

J is for Juice

Trace it

LET'S PRACTICE NOW

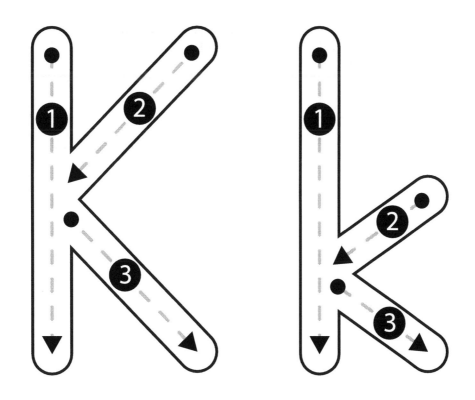

Trace it

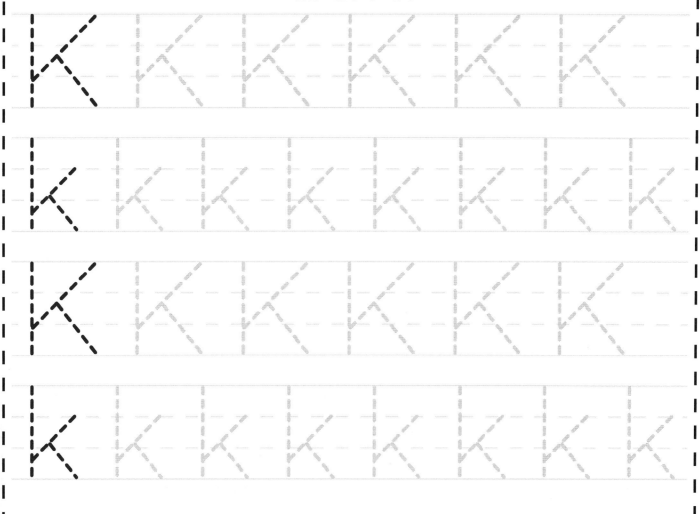

LET'S PRACTICE NOW

K is for Koala

Trace it

LET'S PRACTICE NOW

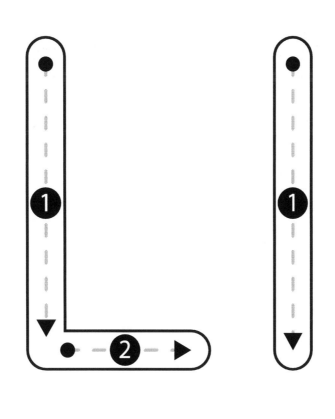

Trace it

LET'S PRACTICE NOW

L is for Llama

Trace it

LET'S PRACTICE NOW

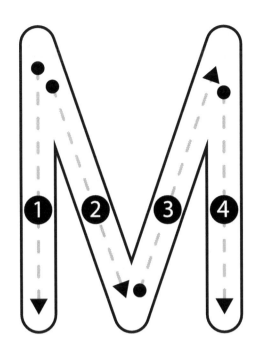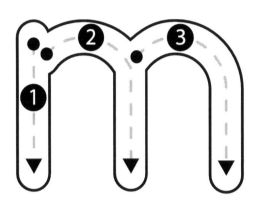

Trace it

LET'S PRACTICE NOW

M is for Mouse

Trace it

Mouse

Mouse

LET'S PRACTICE NOW

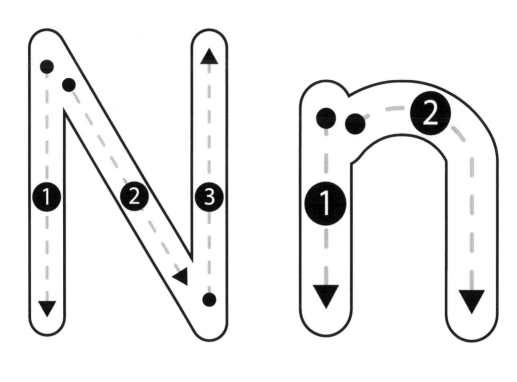

Trace it

LET'S PRACTICE NOW

N is for Narwhal

Trace it

Narwhal

Narwhal

LET'S PRACTICE NOW

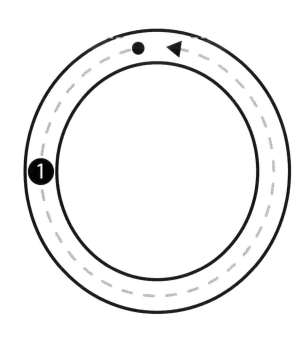
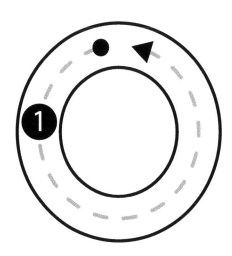

Trace it

LET'S PRACTICE NOW

O is for Ostrich

Trace it

LET'S PRACTICE NOW

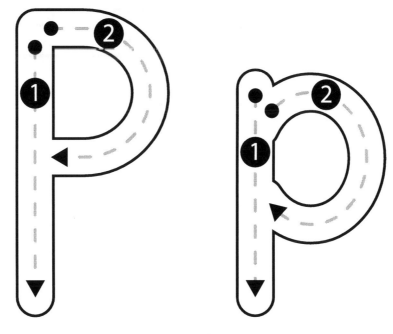

Trace it

LET'S PRACTICE NOW

P is for Pizza

Trace it

Pizza

Pizza

LET'S PRACTICE NOW

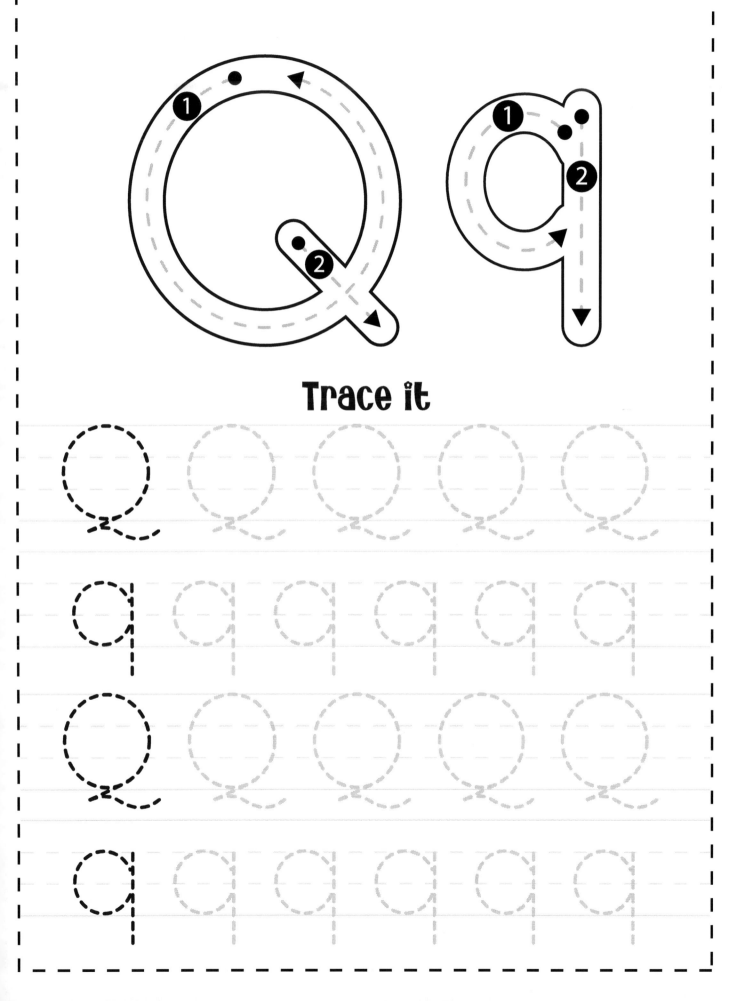

Trace it

LET'S PRACTICE NOW

LET'S PRACTICE NOW

Q is for Quokka

Trace it

LET'S PRACTICE NOW

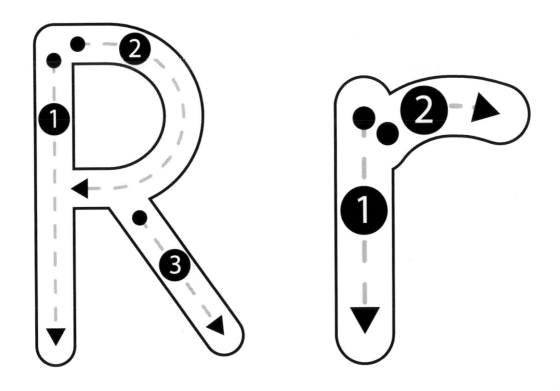

Trace it

LET'S PRACTICE NOW

R is for Rabbit

Trace it

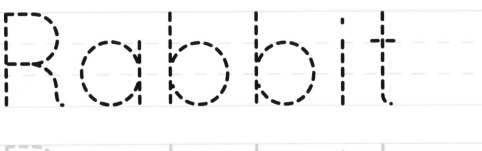

LET'S PRACTICE NOW

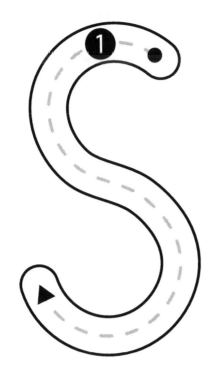 

Trace it

S S S S S S S

s s s s s s s

S S S S S S S

s s s s s s s

LET'S PRACTICE NOW

S is for Shark

Trace it

Shark

Shark

LET'S PRACTICE NOW

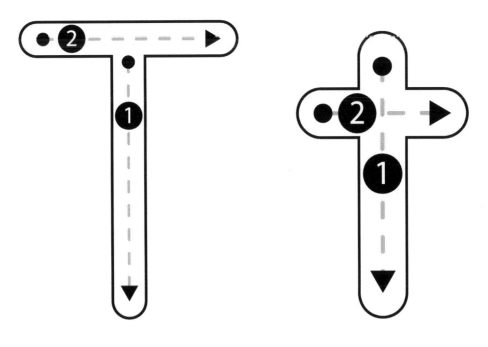

Trace it

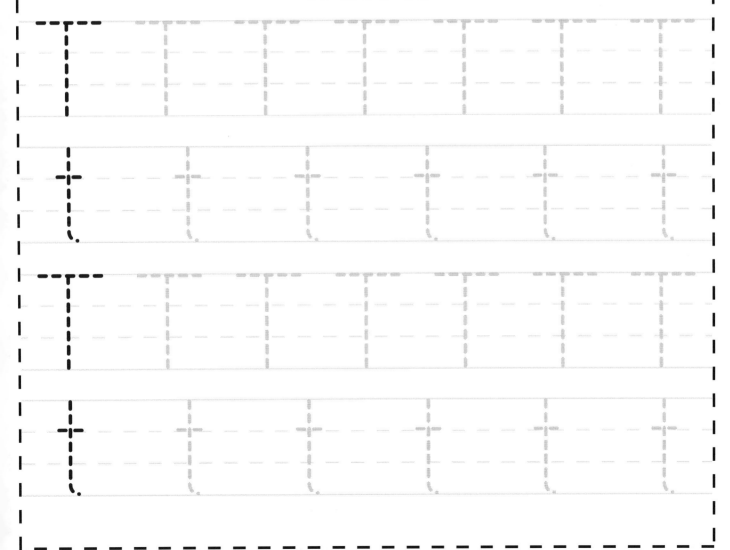

LET'S PRACTICE NOW

LET'S PRACTICE NOW

T is for Tiger

Trace it

Tiger

Tiger

LET'S PRACTICE NOW

LET'S PRACTICE NOW

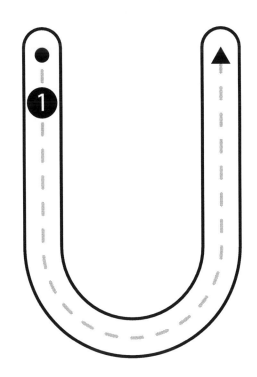
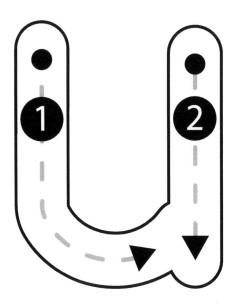

Trace it

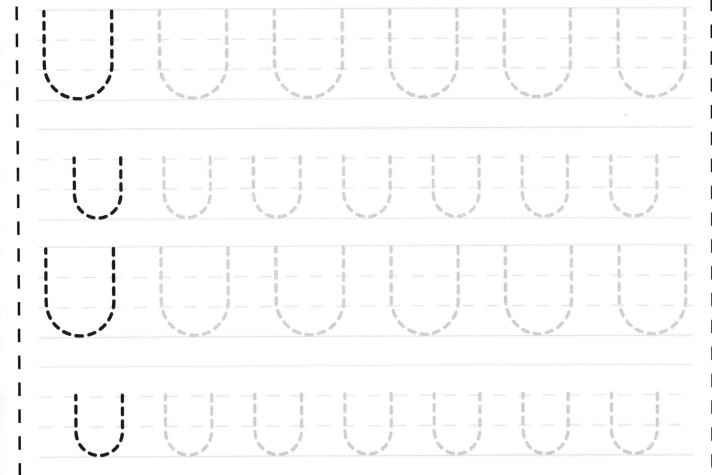

LET'S PRACTICE NOW

U is for Urchin

Trace it

Urchin

Urchin

LET'S PRACTICE NOW

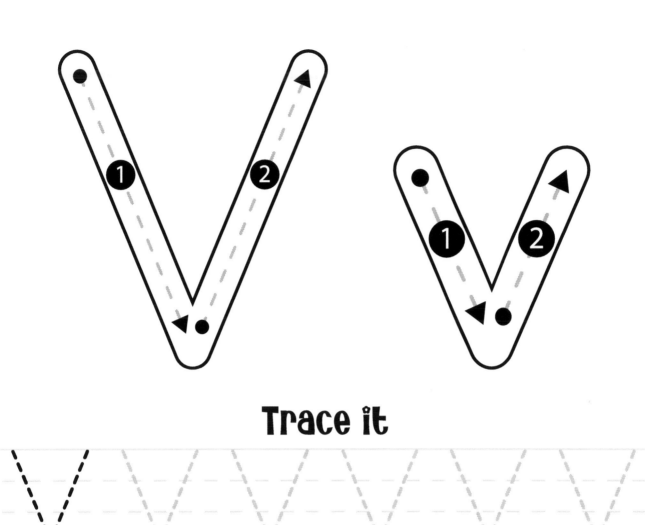

Trace it

LET'S PRACTICE NOW

LET'S PRACTICE NOW

V is for Vampire bat

Trace it

Vampire Bat

Vampire Bat

LET'S PRACTICE NOW

LET'S PRACTICE NOW

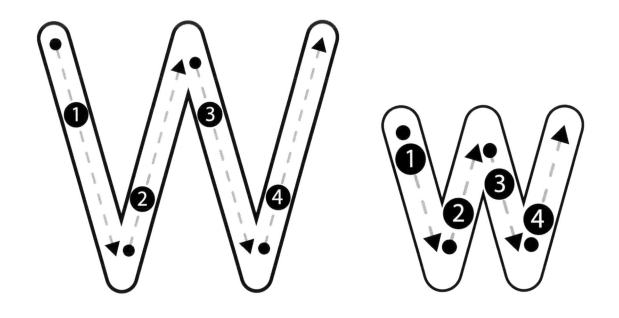

Trace it

LET'S PRACTICE NOW

W is for Whale

Trace it

LET'S PRACTICE NOW

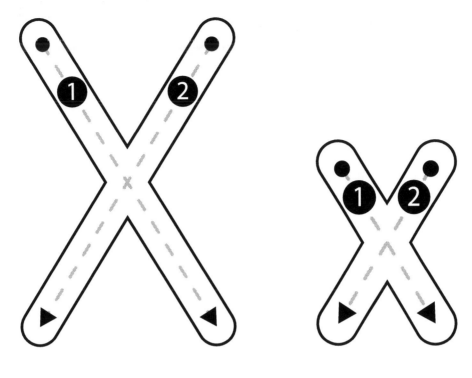

Trace it

LET'S PRACTICE NOW

X is for X - Ray Fish

Trace it

X-Ray Fish

X-Ray Fish

LET'S PRACTICE NOW

LET'S PRACTICE NOW

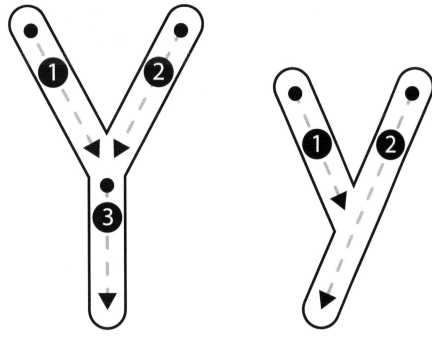

Trace it

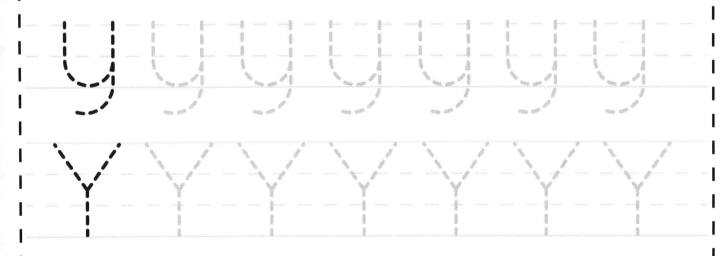

LET'S PRACTICE NOW

LET'S PRACTICE NOW

Y is for Yak

Trace it

Yak Yak

Yak Yak

LET'S PRACTICE NOW

LET'S PRACTICE NOW

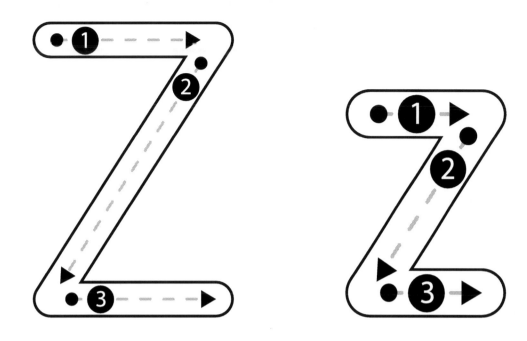

Trace it

Z Z Z Z Z Z Z

Z Z Z Z Z Z Z

Z Z Z Z Z Z Z

Z Z Z Z Z Z Z

LET'S PRACTICE NOW

Z is for Zebra

Trace it

LET'S PRACTICE NOW

LET'S PRACTICE NOW

Trace it

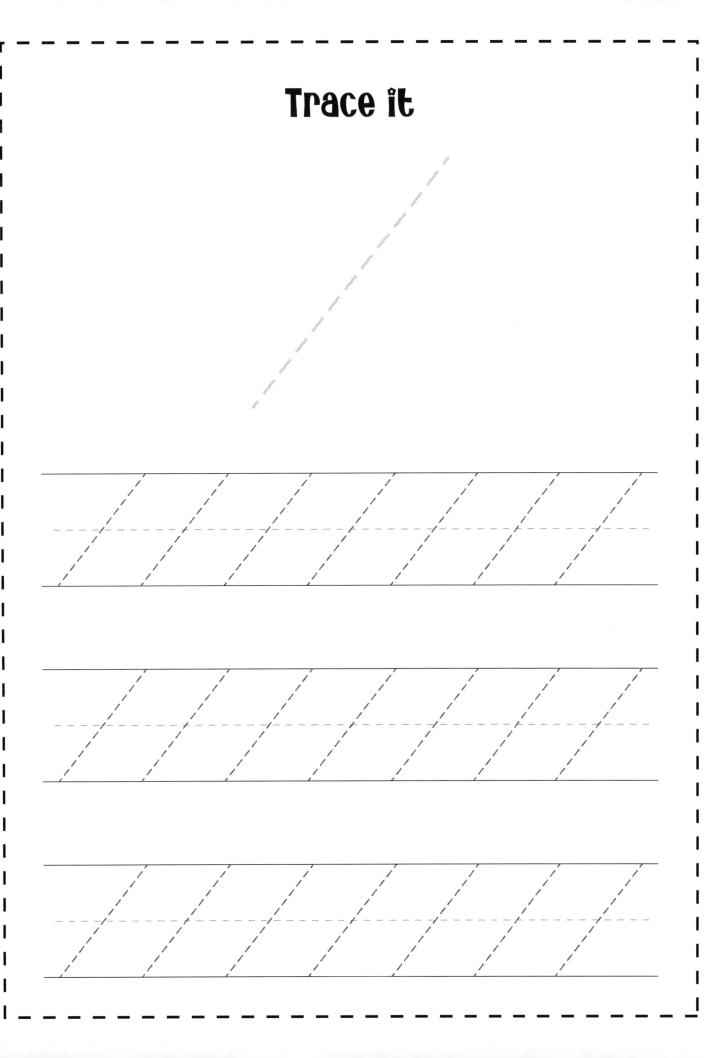

LET'S PRACTICE NOW

Trace it

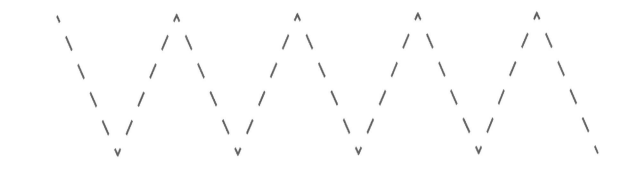

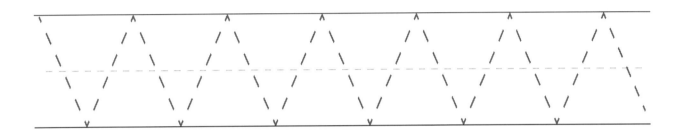

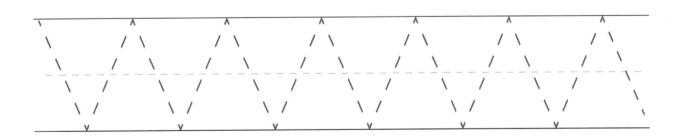

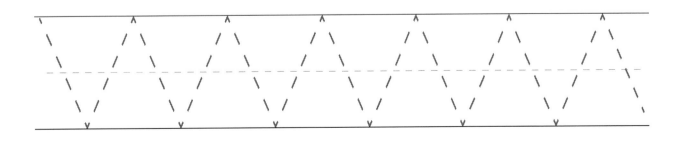

LET'S PRACTICE NOW

Made in United States
Orlando, FL
17 November 2024